給孩子的趣味中國史

元

陳麗華　主編　　　　朱相東　繪

中華教育

給孩子的趣味中國史

元

陳麗華　主編　　　　朱相東　繪

責任編輯	✐	王　玫
裝幀設計	✐	綠色人
排　版	✐	陳美連
印　務	✐	劉漢舉

出版　中華教育

香港北角英皇道 499 號北角工業大廈 1 樓 B
電話：(852) 2137 2338 傳真：(852) 2713 8202
電子郵件：info@chunghwabook.com.hk
網址：http://www.chunghwabook.com.hk

發行　香港聯合書刊物流有限公司

香港新界荃灣德士古道 220-248 號荃灣工業中心 16 樓
電話：(852) 2150 2100 傳真：(852) 2407 3062
電子郵件：info@suplogistics.com.hk

印刷　美雅印刷製本有限公司

香港觀塘榮業街 6 號海濱工業大廈 4 字樓 A 室

版次　2019年11月第1版第1次印刷
**　　　2021年 4 月第1版第2次印刷**

©2019 2021 中華教育

規格　16 開（205mm × 170mm）

ISBN　978-988-8674-14-5

目錄

一代天驕成吉思汗

成吉思汗！

鐵木真

他憑藉雄才大略，使草原部落一一臣服，被草原眾部落尊為「成吉思汗」。有學者認為「成吉思」是「強」的意思，也有學者認為「成吉思」是「大海」的意思，用來頌揚成吉思汗像大海一樣偉大。

蒙古汗國

成吉思汗統一了蒙古，建立起蒙古汗國，實現了蒙古空前的大一統。成吉思汗統治期間，蒙古汗國開始使用文字。

草原上的英雄

「汗（hán）」在蒙古語中是「皇帝」的意思。12 世紀前，蒙古大草原上就有眾多的遊牧部落。各部落的人們擁護着自己的首領——可汗，還有屬於自己的地盤。但是為了在草原上生存，部落間常常為了爭奪地盤而相互攻伐。

弱肉強食的法則之下，征戰使得零碎的部落逐漸被合併。一位英勇的草原領袖誕生了——他就是蒙古貴族世家出身的「成吉思汗」鐵木真。

蒙古汗國的對外擴張

成吉思汗建立蒙古汗國的時候，周邊還有其他比較強大的政權——西夏、西遼、金國、花剌子模等。

據說，想要一統天下的成吉思汗在攻打西夏時，病情嚴重，將不久於人世。眼看西夏就要投降，他下令封鎖自己病危的消息，讓西夏人以為他還活着，進而順利攻下了西夏。

成吉思汗病逝前還給兒子們留下了作戰策略，即使在他去世後，他的兒子們也能根據他的策略，繼續擴大蒙古汗國的版圖。

鐵蹄下的擴張

慷慨的窩闊台

蒙古一直以「幼子繼承制」傳承家業，但是成吉思汗去世前，沒將小兒子拖雷立為繼承人，而是選了第三個兒子窩闊台為繼承人。

按照蒙古的習俗，新的大汗必須通過部落議事會，由宗親將其選舉為大汗才算合法。當時有很多宗親支持拖雷即位大汗，在名臣耶律楚材的勸說下，拖雷才擁護了自己的哥哥窩闊台為大汗。

不吝惜財富的窩闊台常常將錢財賞賜給臣民，是一位非常慷慨的大汗。

威力巨大的火銃

元朝的銅火銃是世界上最早的金屬管形火器，威力巨大，成為蒙古軍重要的武器。

窩闊台即位後，蒙古汗國開始了聲勢浩大的第二次西征。

蒙古軍不僅有巨型拋石機和巨弩，更有威力強勁的火銃（chòng）。在蒙古軍猛烈的攻擊下，有些百年都城化為廢墟，這嚇壞了歐洲諸國。

蒙哥時代的輝煌

窩闊台的長子貴由繼任為第三代大汗，但是貴由當上大汗不久就病逝了。第四代大汗是窩闊台的姪子蒙哥。

蒙哥以鐵血手段肅清了家族內部的權力爭鬥，同時對朝政做出了調整。

忽必烈和旭烈兀成了蒙哥開疆拓土的得力助手。

蒙哥時期，吐蕃和大理歸附了蒙古。旭烈兀軍隊橫掃亞歐大部分國家，蒙古汗國的威名響徹歐亞大陸。

封！

分封土地
原本屬於窩闊台一脈的領地被瓜分。

查抄戶籍
百姓登記了戶籍，朝廷便可統一管理他們。

忽必烈　　　阿里不哥

蒙哥死後，二弟忽必烈和四弟阿里不哥爭奪汗位，而三弟旭烈兀則建立了自己的汗國——伊利汗國。

旭烈兀

大元是忽必烈建立的

即位大汗

蒙哥病逝時，忽必烈正與南宋交戰，為了爭奪汗位，忽必烈不惜放棄即將勝利的征戰，轉而與弟弟阿里不哥爭奪大汗之位。

忽必烈以計謀打敗了阿里不哥成為新的大汗，並將國號改為「元」。

在忽必烈推行「漢法」的政令之下，蒙古大軍一改前期血腥的統治作風，不僅招降、接納南宋將士與文臣，也開始注重漢族禮教。

消滅南宋，一統天下

元朝軍隊很快就對南方的宋朝殘餘勢力發起了進攻。蒙古軍不惜一切代價攻打襄陽，襄陽被攻陷後，南宋的都城臨安也很快失守了。南宋敗亡。

立都中原

忽必烈深受漢族文化影響，大力提倡儒家思想。元朝建立以後，他將登基即位之地——開平城改名為「上都」，將燕京（今北京）改為「大都」，並以大都為國都，正式拉開了元朝的序幕。

等級制度的興起

作為統治民族的蒙古族，制定了各種「等級制度」。

最臭名昭著的是「四等人制度」——將人從高到低劃分為蒙古人、色目人、漢人、南人四個等級。

不同的職業被劃分出十個等級。讀書人（儒生）僅比最末的乞丐高一級。

11

元朝的官衣「不好穿」

語言交流是件頭疼事

蒙古族有自己的語言，朝堂之上更是以蒙古語為主要的交流語言。忽必烈下令，讓八思巴再創新字，在全國推行，新文字叫作「八思巴字」。

名門望族，或者能當上大官見到皇帝的人，蒙古語還是得學一學的。如果是尋常官吏，不通蒙古語也不要緊，各級官府裏都有「翻譯官」──稱為譯史或者通事。

有位光祿大夫（官職）姓許，元世祖總是稱他「許光祿」，不喊他的名字。朝上不少官員不懂漢語，以為「許光祿」就是他的名字。

這樣的小吏在元朝「需求」量大，在各種等級制度的約束下，很多人「爭搶」着成為小吏。

小吏當官

官和吏，自古以來就有所不同。只有當了官，才能光宗耀祖。

由吏變官是身份上的大轉變。在元朝，這種方式是漢族人當官的重要途徑。

元朝的高官大多是蒙古人、色目人中的貴族，只有很少一部分是漢族人，且還是漢族貴族。在根本不重視科舉的元朝，通過科舉入仕的儒生就更少了。

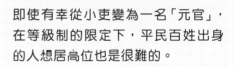

許多不得志的儒生，一邊發着「十儒九丐」的牢騷，一邊去做小吏，只為能有機會 展才華。

即使有幸從小吏變為一名「元官」，在等級制的限定下，平民百姓出身的人想居高位也是很難的。

本來跟隨忽必烈打天下的漢族人還能有個不錯的差事，但是有兩位南宋降將舉兵反元，史稱「王李之變」，這件事給了「親漢」的忽必烈一記重拳，忽必烈也開始疏遠漢臣。

13

學好數理化，「橫行」大元朝

博學多才的劉秉忠

劉秉忠可算得上是「學霸中的學霸」。他博覽群書，對天文、地理、律曆、占卜無一不精，對天下事也瞭如指掌。

劉秉忠是忽必烈一統天下的得力助手。忽必烈改「蒙古汗國」為「元」，也是劉秉忠提出的建議。

劉秉忠主持了元朝首都「大都」和陪都「上都」的營建。

學霸

元

少年老成的郭守敬

郭守敬是劉秉忠的學生，也是個喜歡讀書而且動手能力強的人。郭守敬與他人共同主持編製了新曆法，他還設計製造了很多先進工具。

《授時曆》

使用時間長達三百六十多年，也可以說是中國歷史上使用時間最長的一部曆法。

郭守敬設計製造了領先歐洲三百年的郭守敬簡儀。

郭守敬設計製造了元代大日晷。

登封觀星台

郭守敬最大的貢獻是完成了通惠河這條運河，使溝通中國南北的大動脈——京杭大運河至此全部完工。

觀星台位於河南登封，始建於元朝，是中國現存最早、保存較好的天文建築之一。

數學巔峰

元朝還是中國數學發展的高峰期，湧現出了一大批傑出的數學家及各種數學著作。朱世傑的《算學啟蒙》和《四元玉鑒》是具有世界性影響的成就。

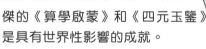

算盤

算盤在元代已初具雛形。

從草原搬進城市

斡（wò）耳朵「進城」
蒙古汗國是一個地地道道的遊牧帝國。
「上馬則備戰，下馬則牧養」是蒙古族的一大特色，他們長期生活在遼闊的草原上，過着遊牧生活，沒有城市，甚至不需要太多的固定建築。

在眾臣的建言下，窩闊台下令修建了哈剌（lā）和林城，可稱得上是蒙古族從遊牧生活走向城市生活的第一步。

成吉思汗的「宮殿」——斡耳朵
斡耳朵是一種氣勢恢宏的大帳篷。斡耳朵有兩種形式，一種是可以移動的，一種是固定不動的。

早期，都城內設置了很多固定的斡耳朵，這是為了保持蒙古族的舊俗。從忽必烈開始，皇室成員的主要住所已從斡耳朵變成了城中的宮殿。

16

元朝的兩都

開平城是忽必烈繼承汗位前建造的城市，它的修建在民間留下了忽必烈向龍借地的傳說。

忽必烈即大汗位時，登基大典就是在開平城舉行的。後來開平城改名為「上都」，與後來的大都並稱為「兩都」。

上都在蒙古族的蒙古故地，遠離中原地區，是元朝皇帝每年避暑的勝地。

元大都的修建，奠定了現在北京城的基本格局。

鐘樓附近和羊角市是大都城內非常熱鬧的商業區。鐘樓附近主要買賣日常生活用品，而羊角市以牲口買賣為主。元朝初期，羊角市裏還有「人市」，是奴隸買賣的場所。

元大都最有特色之處是以水面為中心來確定城市的格局，街道縱橫交錯，形成一個個街區——又稱為「坊」，以水貫穿城池，水運十分便捷。

做個「守規矩」的小百姓

這也不許，那也不許

元朝宵禁制相當嚴格。據說，元朝初期對南方地區實行了「燈火管制」，宵禁以後燈亮着都是違法的！

其次，元朝還嚴格管制人們的聚會活動。據說，最嚴苛的時候，在市集上表演雜耍也被歸為「違法聚眾」。

在元朝，朝廷禁止漢族百姓私造弓箭、刀槍以及衣甲，甚至彈弓都被禁止使用。在這樣嚴格的禁令下，人們只能玩耍用木頭或者紙做的「兵器」。

生活在嚴苛禁令之下的百姓，倒也不是沒有娛樂，只不過一切都要符合規矩。只要做一個順從的小老百姓，日子還是過得去的。

元朝高超的手工藝

在這個對外開放的王朝，手工業發展相當迅速。

據說，元朝每個行業都有自己的「祖師爺」或者「行業神」。比如改革紡織技術，使得棉布能廣泛生產的黃道婆，就被奉為紡織行業的神。

栩栩如生的皮雕畫：皮畫極具民族特色，最初的皮畫主要採用動物皮革，經過雕刻、烙燙、彩繪而成。

彈棉花是一種老手藝了，隨着一聲聲弦響、一片片飛絮，最後一堆棉花變成了整整齊齊的被褥，仿佛就是一種魔術。

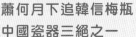
蕭何月下追韓信梅瓶 中國瓷器三絕之一　元青花花卉紋鼎

有種美叫作「元青花」。景德鎮以瓷器聞名，其中青花瓷享譽中外。青花瓷興盛於元朝，不少大瓷瓶上畫有趣味故事，故事人物栩栩如生。

元朝藝術

喜怒哀樂入戲文
元朝時期，戲曲、小說在民間頗受歡迎，成為百姓日常生活中的主要娛樂方式。

文人出路狹窄，藝人和戲劇作家的社會地位也很低。很多文人為了生存，常為戲曲雜耍藝人創作戲曲、戲文，以掙取生活所需。

關漢卿　白樸　馬致遠　鄭光祖

元曲四大家

元曲分為雜劇、散曲和南戲。關漢卿、白樸、馬致遠、鄭光祖四人被贊譽為「元曲四大家」，關漢卿的《竇娥冤》是傳世百年的名作。與關漢卿齊名的王實甫，憑一部《西廂記》便名滿天下。

鍾嗣成的《錄鬼簿》
《錄鬼簿》中收錄了雜劇及散曲作家一百五十餘人，劇目四百餘部，是研究元曲的珍貴資料。

關漢卿的散曲鮮活靈動，詼諧誇張的「南呂一枝花」《不伏老》是他的散曲代表作之一。

戲曲唱佳節

從古至今，各種節日一直是人們生活中不可少的「調味料」。在元朝也誕生了很多和節日相關的戲曲，呈現了人們慶佳節的場景。

正月十五在「獨樹將軍」附近舉行的上元燈節、獨具特色的白雲觀廟會，都在戲曲中傳唱百年。

居庸關過街塔是元朝最後一個皇帝元順帝妥懽（huān）帖睦爾下令建造的。後來，塔被毀，改建為泰安寺，到了清朝，僅剩基座，即雲台。過街塔建成後，元順帝命大學士歐陽玄寫了一篇文章來歌頌過街塔，歌頌元王朝的功績。

大都麗正門外有一棵大樹，被忽必烈封為「獨樹將軍」，直到元朝中期，「獨樹將軍」都是大都上元燈節的一景。

書畫浮雕不落伍

元朝的山水畫大師趙孟頫（fǔ）、黃公望、倪瓚、王蒙、吳鎮等，他們的作品一直影響着後世眾多山水畫家。其中趙孟頫不僅繪畫了得，更開創了「趙體」，是「楷書四大家」之一，許多學書法的人都喜歡臨摹他的字。

建於元朝的居庸關過街塔後來成為雲台，其券（xuàn）門內壁上有非常精緻的浮雕，為元朝雕刻藝術的代表作。

發家致富全靠「修路」

海運興盛

元朝非常重視海運，航海業發展迅猛。

海運的開通也給元朝帶來很多的外國文化——在各大城市中，不僅有日本、高麗、阿拉伯的商人，而且出現了歐洲和非洲的商人。

泉州是歷史悠久的海港大城市，被稱為「第一大海港」。

元朝海船可以直達日本，兩國民間商貿活動頻繁。

從阿拉伯傳入中國的「阿拉伯數碼字鐵方盤」

蜂窩般的驛站網

元朝的版圖空前廣大，這就需要龐大的交通系統來維繫。元朝初期驛站就多達一千五百餘處，就像一張龐大的「蜘蛛網」一樣覆蓋在元朝巨大的版圖之上。

在元朝還有一種奇特的驛站——狗站，提供「狗拉雪橇」服務。

陸站以馬車、牛車等為交通工具。

水站以船為交通工具。

整修改道後的京杭大運河

那條讓隋煬帝楊廣被史家「罵」了上千年的京杭大運河，經過元朝的整修改道，成了現今運河的雛形。

京杭大運河不再繞道別處，而是從南向北，近似直線直奔大都城，路程縮短了約 900 公里，不僅使糧食運輸更加便捷，同時也促進了運河沿線新興商業城市的發展。

元朝商人有「錢途」

開家餐廳也不錯

中國古代商人的社會地位都不高，但是元朝不一樣。元朝開放貿易，商人們十分活躍。

不想做跨國大生意的商人，可以做些小本買賣，比如經營一家餐館。

元朝時，漢族的餐飲習慣被逐漸接受，人們基本固定了一天要吃三頓飯的模式。

早餐有「乾麵食品」或者「濕麵食品」。

濕麵食品
沸水煮食的麵食，如餛飩、扁食（餃子）、麵條等

乾麵食品
蒸熟後的麵食，如饅頭、包子等

午餐和晚餐的選擇就更多了，漢兒茶飯、女真食品、西天茶飯等不同民族的不同飲食任人選擇，是元朝飲食生活的一大特色。

主食是米飯、麵食，最為普遍的是搭配肉類和果蔬的「漢兒茶飯」。

不過元朝有「屠禁」的規定。在一些重大的日子——比如成吉思汗的生日那天，全國不允許殺生。「屠禁」期間請吃素吧。

元朝御膳太醫忽思慧編撰了一本《飲膳正要》，是世界上最早的較為系統的有關飲食營養和衛生的專著。

元朝還有一種質孫服，又稱為「一色衣服」，是在舉行宮廷宴會時穿的服裝。

布疋店生意很火爆

在元朝開家布疋店，能賣的布疋種類很多，如綾羅綢緞、毛皮、棉布等。

元朝有服飾規定：百姓不能穿金線繡製的衣服，官員、儒生、藝人各有各的服裝。甚至同一行業不同族別，也不允許穿一樣的服裝，比如吐蕃僧人可以穿紅色僧服，漢族僧人卻被禁止。

經營醫館

元朝時期由國外傳入的醫學典籍使得醫療水平更上一層樓。早在窩闊台執政時，朝廷就出錢給百姓建了治療疾病的「惠民藥局」，可惜後來停辦了。

娛樂生活不曾少

一年一度的「皇帝出遊」

元朝的陪都上都，是元朝皇帝每年都要去的「避暑勝地」。大約在三月份，皇帝帶領大約十萬人的浩大隊伍從大都城向北出居庸關一路北上，到了九月份，再從上都回到大都。

這個活動有個響亮的名字——「兩都巡幸」。

雖說皇帝每年都要出門避暑，但是在避暑期間他們仍然要工作。大都和上都之間設置了很多「急遞鋪」，相當於現在的快遞站點。「急遞鋪」負責運送重要的公文，傳達皇帝的命令。

必不可少的娛樂活動

圍獵是元朝王公貴族每年都要舉辦的大型活動。大都和上都周邊常常圍出一個個獵場，供貴族們縱鷹狩獵。

「海東青」是一種兇猛的鷹隼（sǔn），廣受帝王、貴族的喜愛，尤其是稀有的白色「海東青」，非常珍貴。

唐宋時期興盛的馬球運動，在元朝也是宮廷中每年都要舉行的大型運動，一般是在端午和重陽節舉行。

相較於圍獵和打馬球，蹴鞠在元朝屬於最普遍的活動，不只是帝王、貴族喜歡，老百姓也常常相邀踢球。

元朝宮廷中常舉行的活動還有角（jué）抵和競走。角抵又叫作「廝搏」，和現在的摔跤差不多。

競走也是一項熱門活動。主要內容是比誰走得快！競走的距離一般是200里，相當於100公里。按照當今的常識，假如兩根電線杆之間距離是50米的話，競走的路上大約有2001根電線杆。

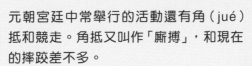

破罐子破摔的元皇帝們

自定國號起，元朝統治了中國近百年的時間，一共出了11位皇帝。

元朝皇帝不好當

元朝皇位的傳承方式不只是「父傳子」，也可以傳給兄弟、叔伯、姪子或女婿。這就使得蒙古王室之人都懷揣着有朝一日能繼承皇位的心思。所以元朝皇帝更替時，幾乎沒有不血腥的。

元英宗推行新政觸及了蒙古貴族們的權利，在「兩都巡幸」之際被權臣鐵木迭兒的義子等刺殺，死於南坡店，史稱「南坡之變」。

比元英宗的死更離奇的還有剛當上皇帝一個月就失蹤了的元天順帝，以及被毒死的元明宗。元朝皇位的傳承只有更亂，沒有最亂。

元天順帝與元文宗前後稱帝，元朝內戰爆發。最終，元天順帝失蹤，元文宗獲勝。

元明宗被毒死。

木匠天子元順帝

元朝最後一位皇帝元順帝——妥懽帖睦爾（又稱元惠宗）是元朝史上在位時間最長的皇帝，他也曾有過一番功績。

元順帝早期勵精圖治，他重用賢相脫脫，重新恢復科舉考試，實行新政，一切都「很美好」。直到天災接連降臨，徹底打碎了元順帝的所有美夢。

元順帝作為一國之君，稱不上賢明，但他卻是一位極具天賦的「木匠」。

元順帝最具創新性的作品是他設計的宮漏（古代的報時器），準確到分毫不差。宮漏裏還藏了絕妙的機關，當鐘聲響起時，宮漏裏會飛出6個小人兒。

元順帝設計的龍舟豪華精緻，在湖泊裏行駛時猶如真龍在水中游走。

就在元順帝研製他的作品時，大都城裏餓死了很多人，瘟疫籠罩着這座曾經無比繁榮的城市。

宰相座椅不好坐

權相弄權

元順帝即位時只有十三四歲，朝政大多依靠權臣輔佐。伯顏擁立元順帝即位有功，被升為右丞相。左丞相唐其勢不滿伯顏與他平分秋色，就想弄出一場政變。可惜不僅政變沒成功，唐其勢還把全家人都賠進去了。

唐其勢被消滅後，大權落到了伯顏手中。沒有了對手的伯顏權勢大到了「天下貢賦盡入伯顏家，天下之人唯知伯顏」的地步。

伯顏極端仇視漢族文化，並且非常排斥漢族官員。當時南方爆發了大起義，起義軍多為漢族人。伯顏便上奏皇帝，提議將張、王、劉、李、趙五大姓氏的漢族人盡數誅殺。值得慶幸的是元順帝沒有採納，這個流血事件沒有發生。

殺光他們！

伯顏的驕橫跋扈（hù）最終給他招來了
身死之災。接替伯顏重掌大局的便是賢
相脫脫。

賢相脫脫

宰相脫脫是伯顏的姪子，從小就被伯
顏收養在身邊。

脫脫深恐伯顏的驕橫會給家族帶來滅頂
之災，便計劃驅逐伯顏，讓他離開大都。
元順帝也想找機會趕走伯顏，而機智聰
明的脫脫是個好幫手，於是君臣聯手除
掉了伯顏。

脫脫上台後，先恢復了科舉取士制，
大力籠絡漢族士子。

元朝多次下令修宋、遼、金三史，討論
了八十多年，到元順帝時期才議定。元
順帝任命脫脫為總負責人，他
帶人歷時兩年多修成《宋史》
《遼史》《金史》。
《金史》獲得最佳官修
正史的美譽。

天災人禍攜手到來

鈔票變廢紙

雖然最早的紙鈔誕生於宋朝，稱為「交子」，但是元朝是最先在全國範圍發行「鈔票」的朝代，全國各地都能使用紙幣隨意買賣東西，紙鈔也能直接兌換成黃金。

中統交鈔　至元交鈔　至正交鈔

元朝總共發行了三種紙鈔。

元朝末年假錢肆虐，百姓深受其害。宰相脫脫上任後，希望造新的紙鈔，以擺脫舊鈔假幣的危害。元朝最後發行的紙鈔「至正交鈔」由此誕生。至正交鈔正面和中統交鈔相似，背面卻不同。

新錢的面額是舊錢的兩倍，價值更高。腐敗的元朝高官們看到有利可圖，拚命仿製新錢，讓最值錢的至正交鈔反而變得最不值錢。

後來，有些地方的百姓不再相信朝廷發行的紙鈔，採用物品換物品的方式進行交易。

黃河邊紅巾飄飄

朝廷還沒來得及解決錢的事情，一場暴雨，黃河決堤了。

元順帝下旨徵調了十幾萬民工去修河道，但是民工們的工錢卻被貪官們私吞了，導致很多民工餓死在黃河邊。

黃河工地裏有人挖出了一個獨眼的石頭人，石頭人身上刻着「此物一出天下反」。韓山童、劉福通抓住了這個機會，搖起大旗，呼籲群眾拿起武器推翻元朝。

明王

此物一出天下反

小明王

韓山童被抓，被處斬，但元軍仍鎮壓不了起義。

韓山童打着大宋王朝後裔的名義，被眾人推戴為「明王」，以紅巾為號，準備起義。但是計劃不慎泄露，韓山童被抓。劉福通找到了韓山童的兒子，擁立他為「小明王」，穩固了紅巾軍的勢力。迅速壯大的紅巾軍打得元軍四處逃散。各地勢力見元朝氣勢衰微，也紛紛揭竿而起，開始反抗。

元　誠士張　珍五明　保保王　傷友陳　璋元朱

大元朝的「蛻變」

宰相身死

宰相脫脫親自率兵去平息各地的起義，幾路叛軍均被他殲滅。元軍的氣勢漸漸回升，但是元順帝身邊的奸臣覺得脫脫功績太大，就以脫脫的一系列變法不僅沒達到預期的效果，反而激起暴亂為由，勸元順帝責罰脫脫。元順帝聽信了奸臣之言，將脫脫流放到偏遠地區。脫脫在流放的路上客死異鄉。

脫脫死後，元順帝更加厭倦朝政，整日尋歡作樂。他的皇后奇氏和兒子愛猷（yóu）識理達臘想要發動政變，逼元順帝退位，他們極力拉攏大將擴廓帖木兒（漢名王保保），但是擴廓帖木兒不願為他們所用，他們便開始排斥這位大將。元朝內憂外患，大勢已去。

擴廓帖木兒漢名王保保。明太祖朱元璋曾讚譽他為「好男兒」。

元朝內部自己人打自己人的情況越來越多，為元朝的滅亡「貢獻」了一份力量。

大明的崛起

以驍（xiāo）勇著稱、令敵人聞風喪膽的元朝軍隊大勢已去。遍佈全國各地的起義軍逐漸融合為強大的反元勢力。雙方對抗中，元軍敗績連連。元朝末期，南邊國土幾乎都被起義軍佔領。國家將亡，元順帝仍舊沉迷於吃喝玩樂。

明太祖朱元璋率領的明軍比較強大。兵臨城下的明軍打醒了醉生夢死的元順帝，元順帝做了一個重大的決定——棄城逃跑。朝臣大多反對，希望元順帝下旨死守，但是元順帝心意已決，當天晚上就帶着妃嬪和兒女們逃離了大都。

沒有受到元軍頑強抵抗的明軍很快佔領了大都。元朝的殘餘勢力回到了草原，後世稱之為「北元」。統治中國近百年的元朝，至此結束。

世界大事記

1. 1283年，愛德華一世征服威爾士。

2. 1290年～1295年，喬托隨老師到阿西西為聖方濟各大教堂上院畫壁畫。

6. 1309年，法國國王腓力四世將教廷遷到法國的阿維尼翁，教皇受法國國王控制，史稱「阿維尼翁之囚」。

7. 1337年，英法百年戰爭拉開序幕。這場戰爭長達116年，是世界最長戰爭之一。

8. 1345年，經過180餘年的建設，巴黎聖母院全部建成。

3. 1291 年，埃及馬穆魯克王朝國王阿什拉夫率軍徹底清除了十字軍在埃及的殘餘勢力。

4. 1296 年，愛德華一世遠征蘇格蘭，得到「命運之石」。

5. 1307 年～1321 年，但丁創作《神曲》。

9. 1347 年～1351 年，歐洲鼠疫肆虐，黑死病大暴發。

10. 1348 年，神聖羅馬帝國皇帝查理四世創辦了布拉格大學，它是歐洲最古老的大學之一。

元 大事年表

公元 1206 年，鐵木真建立蒙古汗國，被擁立為成吉思汗。

公元 1227 年，西夏滅亡，成吉思汗病逝。

公元 1269 年，蒙古人創造八思巴文字。

公元 1271 年，忽必烈改國號為元。

公元 1272 年，元朝定都於大都。

公元 1276 年，元軍攻下臨安城。

公元 1279 年，南宋滅亡。

公元 1281 年，郭守敬等人制定《授時曆》，頒行天下。

公元 1293 年，京杭大運河南北全線貫通。

公元 1351 年，紅巾起義爆發。

公元 1368 年，元順帝北逃。

注：本書歷代紀元以《現代漢語詞典》（第 7 版）為參考依據。